Herausgegeben von W&W Beratungskontor AG
(www.beratungskontor.ch)
Dr. med. Sabine Werner

Titelfoto: Gabriel Matula on Unsplash

Herstellung und Verlag:
BoD – Books on Demand, Norderstedt.
ISBN: 9783752854855

9 783752 854855

MIX
Papier aus verantwortungsvollen Quellen
Paper from responsible sources
FSC® C105338

Wie Du Stress erkennst und rechtzeitig gegensteuerst

Inhaltsverzeichnis

Vorwort

Zum Thema Stress hat vermutlich jeder Mensch bereits umfangreiche eigene Erfahrungen gemacht und mehr oder minder erfolgreiche Lösungsversuche hinter sich. Als Ärztin kenne ich das Thema «Stress» gut aus eigener Erfahrung. Als zertifizierte Trainerin für das persolog® Stress-Modell und Coach für lösungsorientiertes Kurzzeit-Coaching berate und coache ich Menschen in herausfordernden beruflichen Situationen für einen besseren Umgang mit Stress, u.a. auch ärztliche Kolleginnen und Kollegen. Das medizinische Wissen zum Thema Stress führt leider nicht automatisch zu einem leichteren Umgang mit Stress, und Wissen ist nicht gleich Machen. Woran liegt es also, dass selbst Profis nicht immer stress-resistent sind? Das liegt daran, dass wir alle nur Menschen mit Schwächen und individuellen Belastungsgrenzen sind und vor allem daran, dass Stress situativ ist. Ob und wann wir also «Stress» empfinden, hängt von der Situation mit allen Begleitumständen und unserer Einschätzung im Kopf zusammen, die wiederum von vielen persönlichen Faktoren abhängt. Somit resultieren zwei grundsätzliche Möglichkeiten, um Stress zu vermindern oder zu vermeiden. Wir können die Situation falls möglich mit ihren Begleitumständen modifizieren oder/und unsere innere Einschätzung und Reaktion anpassen. Wenn Du nach der Lektüre des Buches Deine aktuellen individuellen Stressauslöser (Stressoren) in Beruf und Privatleben genauer eingrenzen und gezielter angehen möchtest, bietet sich das wissenschaftlich überprüfte persolog® Stress-Profil als Diagnostik-Tool an. Dieses kannst Du auch online durchführen.

Dieses eBook zeigt Dir leicht und verständlich, wie Du kritischen Stress erkennst, wodurch Stress ausgelöst wird und wie Du wirksam gegensteuern kannst.

Falls Du beim Training weitere Unterstützung benötigst, kannst Du Dich hier zu unserem persönlichen «4 -Wochen-Anti-Stress-Coaching» anmelden.

QR-Code:
4-Wochen-Anti-Stress-Coaching

QR-Code:
Stressprofil und Videocoaching

1 Was ist Stress?

Grundsätzlich bedeutet Stress erst einmal «Anspannung», z.B. eines Materials, welches physikalisch auf seine mechanische Belastbarkeit hin überprüft wird. Stress im psychologischen Sinn kann ebenfalls mit «Anspannung» gleichgesetzt werden, wobei dies nicht wertend ist. Anspannung vor einem Auftritt Deines Chors, mit dem Du wochenlang begeistert für diesen einen Abend geprobt hast, mag mit freudiger Anspannung bzw. Erwartung einhergehen. Anspannung vor einer Prüfung, für die Du überhaupt nicht gelernt hast, wird vermutlich eher unangenehm und belastend sein. D.h. es gibt positiven, sogenannten **Eustress**, und negativen, sogenannten **Disstress**. Positiver Stress wird auch als **produktiver Stress** bezeichnet, da die Chance oder Lösung im Vordergrund steht. Wenn wir Stress als produktiv empfinden, wirkt dies herausfordernd und energetisierend. In diesem Modus können wir neubewerten, unsere Einschätzung anpassen und lernen. **Non-produktiver Stress** hemmt oder lähmt uns hingegen. Wir sehen in diesem Modus nur noch das Problem oder sogar Risiko und reagieren mit Konfrontation bzw. Kampf, Vermeidung, Nachgiebigkeit oder Rückzug bzw. Flucht.

1.1 Welchen Sinn hat Stress?

Evolutionsbiologisch gesehen war Stress ein Notfallprogramm bei Gefahr und die richtige Reaktion darauf überlebenswichtig. Wenn der Steinzeitmensch sich unvermittelt einem Säbelzahntiger gegenübersah, musste unser Vorfahr die mögliche Gefahr blitzschnell intuitiv einschätzen und über die aussichtsreichste Reaktion entscheiden: Flucht, Angriff, Rückzug oder sich totstellen?

In der heutigen modernen Welt, gerade im Berufsleben, geht es in der Regel nicht um akute Lebensgefahr und Weglaufen. Wenn sich jedoch belastende Situationen häufen und ein andauernder, chronischer Stresszustand entsteht, macht Stress krank. Lass es nicht soweit kommen und steuere rechtzeitig gegen! Dieses Buch hilft Dir zu erkennen, ob Handlungsbedarf besteht.

1.2 Was passiert bei Stress im Körper?
Schnelle, akute Stressreaktion

Bei akuter Gefahr (oder einer Situation, die als Gefahr wahrgenommen wird) wird die sogenannte **1. Achse** der Stress-Reaktion, die **Sympathikus-Nebennierenmark-Achse**, in unserem Organismus aktiviert. Das ist sozusagen eine «Schnellstrasse» von unserem vegetativen, also unwillkürlichen, Nervensystem zu den Nebennieren, den «Hormonfabriken». Der Sympathikus, ein Nervenstrang, der entlang der Wirbelsäule verläuft, schüttet zunächst das Hormon Noradrenalin aus. Dieses sorgt dafür, dass im Nebennierenmark das bekannte Stresshormon Adrenalin ausgeschüttet wird, welches wiederum Herz, Kreislauf und Atmung aktiviert. Der Puls wird schneller, die Atemfrequenz nimmt zu, Energie wird bereitgestellt und die Muskeln werden besser durchblutet. Alle Körperfunktionen, die für Kampf oder Flucht benötigt werden, werden in Alarmbereitschaft versetzt. Wenn die Gefahr gebannt ist, entspannt sich das System wieder, und das Adrenalin im Blut wird abgebaut.

Langsame, chronische Stressreaktion

Wenn jedoch die Gefahr anhält, wird unser Körper in einen Daueralarmzustand versetzt, der den natürlichen Regelkreis von Anspannung und Entspannung stört und nicht nur zu gesundheitlichen Schäden, sondern auch zu Veränderungen unseres Gehirns führt. Dazu später mehr. Über die **2. Achse** der Stress-Reaktion, die sogenannte **Hypothalamus-Hypophysen-Nebennierenrinden-Achse**, wird eine längerdauernde Stressreaktion eingeleitet. Jede Instanz gibt die Stressmeldung über Hormone, also körpereigene Botenstoffe, an die nächste weiter - bis alle informiert sind und unter Hochdruck arbeiten: Der Hypothalamus schüttet CRH (Corticotropin Releasing Hormon) aus, welches wiederum die Hypophyse (Hirnanhangsdrüse) stimuliert, mit ihrem ACTH (adrenocorticotropes Hormon) die Nebennierenrinde zu alarmieren. Die Nebennierenrinde wiederum produziert Cortisol, das 2. wichtige Stresshormon. Cortisol sorgt dafür, dass während der langanhaltenden Stressabwehr immer genug Energie bereitsteht, also für Nachschub gesorgt ist. Im Normalfall führt ein sogenannter Rückkopplungsmechanismus wieder zu einer Beruhigung dieser Reaktion. Hält die Stressreaktion jedoch länger an, wird diese Regulation gestört und schaukelt sich immer weiter auf. Dummerweise führt genau diese Reaktion, die im Gehirn ausgelöst wurde, zu einer Veränderung des Gehirns, weil die schmalen «Trampelpfade» bei häufiger Benutzung immer mehr zu breiten Wegen ausgetreten werden, die danach als Hauptweg fungieren.

1.3 Lernen durch Stress

Unser Gehirn kann also das innere Wegenetz (übrigens zeitlebens) anpassen und umbauen, je nachdem was häufig benutzt wird. Das nennt man **neuronale Plastizität**. Und genau darin liegt der Schlüssel, um Stress erfolgreich zu bekämpfen! Du kannst nämlich massgeblich entscheiden, welche Wege Dein Gehirn zukünftig benutzen soll und welche nicht. Kurzdauernder Stress mit Erholungsphasen trainiert Deine Fähigkeit, Stress zu bewältigen, langdauernder Stress bewirkt das Gegenteil und kann sogar zu einer Schrumpfung des Hippocampus mit schlechterer Gedächtnisleistung führen.

1.4 Stress entsteht im Kopf

Wer entscheidet also darüber, was unser Organismus als Stress empfindet? Genau, unser Kopf oder genauer gesagt das Gehirn! Unser Gehirn ist eine äusserst komplexe Schaltzentrale mit verschiedenen Unterabteilungen, die Spezialaufgaben haben.

Das Reptilienhirn

Der älteste Teil unseres Hirns, der Hirnstamm, ist für die Aufrechterhaltung der wichtigsten Lebensfunktionen wie Herz-Kreislauf-System und Atmung zuständig. Er schliesst sich an das Rückenmark an, sammelt alle eingehenden Informationen und leitet diese an die übergeordneten Stellen weiter. Im sogenannten «blauen Kern» wird der Botenstoff (Hormon) Noradrenalin produziert, welcher die Stressreaktion einleitet.

Das Gefühlshirn

Das «limbische System» sitzt auf dem Hirnstamm und besteht aus mehreren «Spezialeinheiten»: dem **Thalamus**, der eine erste Bewertung der Sinneseindrücke vornimmt und diese ans Grosshirn weiterleitet, dem **Mandelkern (Amygdala)**, der unsere emotionalen Erfahrungen speichert und diese in ähnlichen Situationen blitzschnell wieder hervorholt (z.B. Angst), und dem **Hypothalamus**, der viele wichtige vegetative (unwillkürliche) Körperfunktionen wie z.B. Hunger- und Durstgefühl, und den Hormonhaushalt steuert.

Das Denkhirn

Unser Grosshirn ist im Verhältnis zur Körpergrösse viel grösser als bei anderen Säugetieren, was vermutlich als

Foto 1 by Gerd Altmann on pixabay

evolutionsbiologische Anpassung auf äussere Anforderungen zu erklären ist. Ob eher soziale, ökologische oder kulturelle Anforderungen dafür entscheidend waren, ist wissenschaftlich umstritten. Auf jeden Fall nehmen wir mit dem Grosshirn auf Basis der eingehenden Sinneseindrücke unsere Welt bewusst war, vergleichen mit früheren Erfahrungen, bewerten und denken uns unseren Teil dazu. Wir konstruieren somit

11

unsere Wirklichkeit. Das erklärt auch, warum jeder seine eigene Wirklichkeit hat… Unser Grosshirn kann sich sogar Dinge vorstellen, die noch gar nicht eingetreten sind und vorausplanen, z.B. was passieren würde, wenn der Chef merkt, dass mein Lebenslauf bei der Bewerbung gefälscht war… Und nur schon aufgrund dieser Vorstellung kann die gleiche Stressreaktion in Gang gesetzt werden wie bei einer realen Situation mit Schweissausbrüchen, Herzklopfen, Angst usw.

Manchmal werden solche Stressreaktionen auch - völlig ohne kognitive Bewertung durch unser Grosshirn - über die Abkürzung Thalamus – Mandelkern ausgelöst. Das erklärt, warum wir manchmal ohne nachzudenken schnell und heftig mit einer Kurzschlusshandlung reagieren, die uns vielleicht später leidtut.

Das Anforderungs-Ressourcen-Modell (Lazarus) – Stress ist situativ und individuell

Das sogenannte transaktionale Stress-Modell von Lazarus und Folkman (1984) erklärt Stress als Ergebnis einer subjektiven Bewertung von inneren und äusseren Anforderungen im Verhältnis zu unseren wahrgenommenen Möglichkeiten (Ressourcen) zur Bewältigung der Situation. Wenn wir also die an uns gestellten Anforderungen oder die, die wir selbst an uns stellen, grösser einschätzen als die Möglichkeiten diese zu bewältigen, empfinden wir negativen Stress.

Beispiel

Stell Dir vor, Du müsstest im Fernsehen zum ersten Mal eine grosse Samstag-Abend-Show moderieren. Wahr-

Wahrnehmung und Bewertung

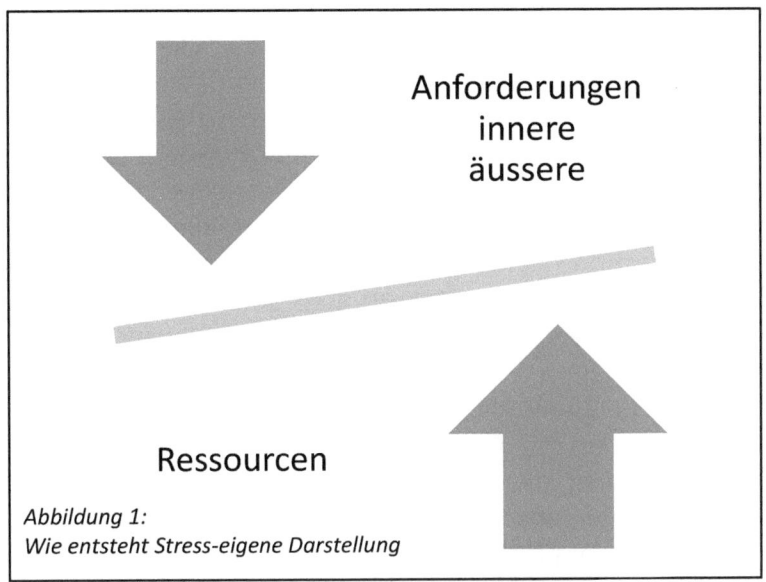

Anforderungen
innere
äussere

Ressourcen

Abbildung 1:
Wie entsteht Stress-eigene Darstellung

scheinlich gelangst Du zum Schluss, dass Du Dich dem nicht gewachsen fühlst und bekommst Schweiss-perlen auf der Stirn, und Dein Herz schlägt schneller?

Du beurteilst also Deine Möglichkeiten (Deine Ressourcen) als nicht ausreichend, um die Herausforderung zu bewältigen. Es entsteht negativer, sogenannter nonproduktiver Stress, der hemmt und lähmt. Wir sehen das Problem und das Risiko. Im Gegensatz dazu, würden sich Helene Fischer oder Thomas Gottschalk auf diesen Abend freuen und positiven, also produktiven Stress empfinden. Wenn

13

wir also kritischen Stress vermeiden wollen, geht es darum, die Anforderungen und Ressourcen auszubalancieren.

Oder angenommen, Du bist eine gewissenhafte Mitarbeiterin, die ihrem Chef versprochen hat, eine ausgearbeitete Vorlage zu einem bestimmten Termin abzugeben. Und nun streikt genau am Vorabend, als Du die allerletzten Korrekturen zur Perfektionierung vornehmen willst, Dein Computer. Löst das bei Dir Stress aus? Ja? Vielleicht würdest Du panisch mit einem Kollegen telefonieren, der sich mit Computern auskennt und ihn zu einer nächtlichen Hilfsaktion bestellen oder Dir Vorwürfe machen, dass Du nicht den letzten kleinen Rest Deiner Arbeit schon einige Tage vorher fertiggestellt hättest. Du könntest Dich stattdessen aber auch in Deine Kollegin versetzen, die die Arbeit immer so locker-leichtnimmt und in der gleichen Situation möglicherweise sagen würde: «das ist ja nun wirklich nicht meine Schuld, war ja nicht zu ahnen, dass der Computer ausgerechnet heute Abend streiken muss, das meiste habe ich ja fertig» und das auch so dem Chef verkaufen würde. Möglicherweise würde Dein Chef auch gar nicht mehr an den von Dir genannten Termin denken oder an dem Tag keine Zeit für die Besprechung haben.

Du siehst, Stress entsteht im Kopf durch unsere Gedanken, was passieren würde, wenn… ohne zu wissen, ob es wirklich so kommt. Und diese Einschätzung ist auch noch davon abhängig, was wir uns selbst an Anforderungen und Verpflichtungen aufhalsen oder als solche von aussen wahrnehmen. Beobachte Dich einmal selbst: wie oft denkst Du «aber ich muss doch…» oder «wenn ich das nicht schaffe, dann…» usw. Hinterfrage, wie real diese Anforderung wirklich ist! Und mach Dir klar, dass

Stresswahrnehmung nicht nur individuell, sondern auch situativ ist.

2 Stress und Persönlichkeit

Aus den oben genannten Beispielen erkennst Du, dass nicht nur unsere Wahrnehmung von Situationen subjektiv ist, sondern auch deren Einschätzung und Bewertung als stressig oder nicht stressig. Je nach Persönlichkeitstyp, Situation und Deiner Rolle in dieser Situation sehen wir durch eine andere Brille. Man könnte auch sagen, dass unsere Persönlichkeit wie ein Filter wirkt, der eine Situation weichzeichnet oder schärft.

2.1   Persönlichkeit – welche Brille hast Du auf?

Die rote, gelbe, grüne und blaue Brille

Aus der Persönlichkeitsanalyse wissen wir, dass unsere Persönlichkeit ein Mosaik aus verschiedenen Verhaltensstilen bereithält, die wir je nach Rolle oder Situation bevorzugt einsetzen. Das wissenschaftlich fundierte Persönlichkeitsmodell von persolog®, das auf den Forschungen von Prof. John Geier beruht, ist mehrfach und umfangreich statistisch validiert worden und wird von namhaften Unternehmen und Organisationen eingesetzt. In diesem Modell werden 4 Persönlichkeitsdimensionen unterschieden, je nachdem ob wir unsere Umwelt eher als anstrengend (stressig) oder angenehm (nicht stressig) wahrnehmen und ob wir darauf eher bestimmt oder zurückhaltend reagieren. Natürlich haben die meisten Menschen eine Kombination aus 2-3 dieser Verhaltensstile in unterschiedlichen Anteilen und abhängig von ihrer jeweiligen Rolle. Sie starten aber immer aus einer, ihrer primären Verhaltensdimension heraus. Beispielsweise wirst Du als Mutter oder Vater, Tochter oder Sohn wahrscheinlich andere Verhaltensstile zeigen, als wenn Du Dich im Verein betätigst oder im Freundeskreis bewegst.

Aus den verschiedenen Kombinationen dieser zwei Dimensionen resultieren vier Quadranten:

Abbildung 2: persolog® Modell (Quelle: persolog®/eigene Darstellung)

Der Einfachheit halber repräsentieren 4 verschiedene Farben diese 4 Verhaltensstile.

- Rot (D) – dominanter (direktiver) Verhaltensstil
- Gelb (I) – initiativer Verhaltensstil
- Grün (S) – stetiger (unterstützender) Verhaltensstil
- Blau (G) – gewissenhafter (kontrollierender) Verhaltensstil

Wenn Du wissen möchtest, welche Verhaltensstile Du, z.B. im beruflichen Kontext, bevorzugt einsetzt, kannst Du mit einem individuellen Persönlichkeits-Profil die Antwort erhalten und Dich selbst besser kennenlernen, um Deine Stärken optimal einzusetzen, erfolgreicher zu sein und mit anderen besser zusammen zu arbeiten. (Hier erfährst Du mehr dazu).

Die verschiedenen uns bekannten **Stress-Reaktionsmuster** können ebenfalls diesen 4 Grundtypen zugeordnet werden können:

- Rot – Konfrontation (Kampf)
- Gelb – Vermeidung
- Grün – Nachgiebigkeit
- Blau – Rückzug

Ob und wenn ja, wie Du Stress wahrnimmst, hängt also von der «Brille» ab, die Du in Deinem Alltag aufhast. Mit der «roten» Brille eines dominanten Verhaltenstyps wirst Du eher das Risiko und die Gefahr erspähen und mit Konfrontation reagieren als mit der «grünen» Brille des freundlichen Unterstützers, der auf Harmonie bedacht ist.

2.2 Innere Antreiber – Glaubenssätze

Stresswahrnehmung und Erleben von Stress sind situativ, jedoch durch bisherige Lebenserfahrungen unterschiedlichster Art geprägt. So können nicht nur Erlebnisse aus der frühen Kindheit, sondern auch kürzliche berufliche Misserfolge und seelische Traumatisierungen wie z. B. Mobbing an einem früheren Arbeitsplatz Einfluss auf unsere zukünftige Stressanfälligkeit nehmen.

Bereits früh in unserer Kindheit lernen wir, auf Reaktionen unserer Umwelt zu achten, zu reagieren und unser eigenes Verhalten entsprechend anzupassen bzw. zu modulieren. Denn soziale Zugehörigkeit und Anerkennung sind menschliche Grundbedürfnisse. Wir wollen zu jemandem dazu gehören und geliebt werden!

Viele Aussagen, die unsere Eltern, Grosseltern oder andere Menschen in unserem Umfeld uns gegenüber in der Kindheit gemacht haben, prägen sich uns nachhaltig ein und wirken bis in die Gegenwart unseres Erwachsenenlebens fort, z.B. «Du dummer Junge, das wirst Du wohl nie verstehen». Oftmals ist das den «Verursachern» gar nicht bewusst oder auch nicht in dieser Form beabsichtigt gewesen.

Sprüche wie «ohne Fleiss kein Preis» oder «erst die Arbeit, dann das Vergnügen» sind Beispiele für solche Glaubenssätze. Das Modell der «inneren Antreiber» (Capers und Kahler 1974) beschreibt fünf grundlegende Forderungen, die wir von den Eltern übernommen haben.

<u>Innere Antreiber</u>

Sei stark!

Sei perfekt!

Mach`s allen recht!

Mach schnell!

Streng Dich an!

Erkennst Du einige dieser inneren Antreiber bei Dir wieder? Du kannst Dir sicher vorstellen, dass eine Person, die den Antreiber «Sei perfekt» hat, auf bestimmte Anforderungen eher mit Stresswahrnehmung reagiert als eine Person, die es gelernt hat «fünfe gerade sein zu lassen».

2.3 Erfahrungen und Emotionen – innere «Stressfallen»

Genauso wie die inneren Antreiber können frühere Lebenserfahrungen, gerade solche, die mit Emotionen wie Angst oder Schmerzen einhergingen, unsere Wahrnehmung und Bewertung einer Situation beeinflussen. Wie Du schon gelernt hast, werden emotionale Erfahrungen im Mandelkern bzw. der Amygdala im limbischen System abgespeichert, um bei ähnlichen Situationen blitzschnell ohne zu denken auf mögliche Gefahren reagieren zu können. Leider speichert unser Gefühlshirn auch angstbesetzte Situationen ab, in denen keine reale Gefahr bestand, wir aber entsprechende Emotionen hatten. Aus diesen Gründen kann es Sinn machen, sich für einen besseren Umgang mit Stress in ruhigen Zeiten auch einmal damit zu beschäftigen, welche allenfalls unbegründeten oder abstrusen Ängste wir in uns tragen und in welchen Situationen diese bisher aufgetreten sind. Denn sobald das «Programm Angst» abläuft, ist das Denkhirn ausgeschaltet, so dass Du keine rationalen Überlegungen anstellen und keine vernünftigen Entscheidungen treffen kannst.

2.4 Deine Werte und Ziele

Unsere Werte geben dem Leben und unserer Arbeit Sinn und bilden die Basis für unsere Ziele. Durch das, was wir tagtäglich tun, unser Handeln, gelangen wir bei richtiger Planung und Umsetzung zum Ziel. Ziele motivieren, aber nur dann, wenn es Deine eigenen sind. Daher kann Motivation nie dauerhaft von aussen (extrinsisch) kommen, sondern nur von Dir, von innen (intrinsisch).

Was hat das mit Stress zu tun? Eine Menge! Wenn Du nämlich eine Arbeit verrichtest, die Deinen Werten und Überzeugungen entgegensteht und Dich Deinen Zielen kein Stück näherbringt, wirst Du über kurz oder lang frustriert sein. Sich mit den eigenen Stressoren zu beschäftigen, birgt daher auch die Chance, viel über sich und seine Werte zu erfahren.

3 Stressauslöser

3.1 Berufliche und private Stressoren

Wenn Du den Stress im Kopf auflösen willst, ist es wichtig herauszufinden, welche Faktoren bei Dir Stress auslösen (sogenannte Stressoren). Hier unterscheiden wir zwischen beruflichen und privaten Stressoren. Häufig beeinflussen sich beide Gruppen. Stress bei der Arbeit kann zur Vernachlässigung sozialer Kontakte, Beziehungs-problemen, mangelnder Achtsamkeit für die eigene

Gesundheit u.a. führen. Umgekehrt können sich Belastungen im Privatleben, z.B. Krankheit oder Probleme mit den Kindern, ungünstig auf Motivation und Leistungsfähigkeit bei der Arbeit auswirken. Es ist also sinnvoll, beide Bereiche und deren Wechselwirkungen zu betrachten. Im Folgenden findest Du einen Überblick über typische Stressoren.

3.1.1 Berufliche Stressoren

Zu beruflichen Stressoren liegen heutzutage gut überprüfte Daten vor. In der Schweiz sind nach dem **Job-Stress-Index** 2016 gut ein Viertel der Erwerbstätigen gestresst, das heisst sie erleben höhere Belastungen als Ressourcen zur Bewältigung der Anforderungen vorliegen. Fast die Hälfte der Personen befindet sich im kritischen Bereich. Gestresste Menschen sind in höherem Masse erschöpft und entwickeln Stress-Folgeerkrankungen, die neben Unproduktivität am Arbeitsplatz auch zu Arbeitsunfähigkeit führen können. So verursacht Stress jährliche Kosten von 5,7 Mrd. CHF. Aus diesen Gründen sollten nicht nur die die gestressten Personen, sondern auch die Arbeitgeber Interesse daran haben, berufliche Stressoren zu reduzieren und für ihre Mitarbeitenden Sorge zu tragen. Leider bieten noch nicht alle Unternehmen, gerade im klein- und mittelständischen Bereich, Massnahmen zur betrieblichen Gesundheitsförderung an. Auch für diese Menschen ist dieses Buch geschrieben worden.

Burnout

Chronischer Stress macht krank – psychisch und körperlich.

Dieser Prozess ist oft schleichend und wird vom Betroffenen lange nicht erkannt oder sogar

Foto 2 by succo on pixabay

geleugnet bis es gar nicht mehr geht. Das Burnout-Syndrom ist in Fachkreisen als eigenständige Krankheit allerdings umstritten. Manche Experten sprechen stattdessen von einer Erschöpfungsdepression. Unabhängig von der fachlichen und sprachlichen Einordnung besteht jedoch Einigkeit über die typischen Symptome eines Burnout-Syndroms als Systemerkrankung, die in Stadien verläuft. Unter grossem Druck erhöhen wir meistens zunächst unseren Arbeitseinsatz, um die Anforderungen zu erfüllen, gerade wenn wir eigentlich Freude an unserer Arbeit haben. Mit der Zeit setzt eine Erschöpfung ein. Die Betroffenen fühlen sich wie ausgelaugt. Wenn die Erschöpfung so gross wird, dass die Arbeit auch mit vermehrter Anstrengung nicht mehr zu bewältigen ist, kippt die Situation. Die Arbeit wird negativ, zynisch und distanziert bewertet. Das zuvor überhöhte Engagement wird reduziert. Soziale Kontakte verkümmern. Im Verlauf stellen sich emotionale Reaktionen wie Selbstzweifel und Pessimismus ein, und die kognitive

Leistungsfähigkeit geht zurück. Psychosomatische Symptome begleiten diesen Prozess. Schliesslich resultiert eine totale Abflachung der Interessen und des Lebens, die in einer Depression mit Hoffnungslosigkeit, Verzweiflung und allenfalls sogar Suizid-Gedanken gipfelt.

Lass es nicht soweit kommen und sage rechtzeitig dem Stress den Kampf an!

Falls Du Dich trotz ausreichender Erholungsmöglichkeiten in der Freizeit und in den Ferien nicht mehr erholst, ist das ein typisches Alarmzeichen. Scheue Dich nicht, in diesem Fall auch aktiv Hilfe zu suchen und in Anspruch zu nehmen, z.B. über einen Arzt Deines Vertrauens oder eine Burnout-Beratungsstelle.

Alarm-Zeichen für gesundheitsgefährdenden Stress

- Nicht-Abschalten-Können nach der Arbeit → Anspannung auch in der Freizeit
- Anhaltende Schlafstörungen
- Einschränken von erholsamen privaten Aktivitäten
- Keine Erholung mehr nach den Ferien

Im Beruf und am Arbeitsplatz können viele verschiedene Faktoren zu Stress führen. Man spricht dann von beruflichen Stressoren. Das können Faktoren sein, die mit dem Arbeitsplatz an sich zu tun haben, sogenannte spezifische Arbeitscharakteristika, aber auch soziale und organisatorische Charakteristika. Und schliesslich entscheiden auch die schon genannten persönlichkeitsbezogenen Faktoren, ob wir Stress empfinden oder nicht.

Berufliche Stressoren im Überblick

3.1.1.1 Spezifische Arbeitscharakteristika:

- **Überforderung**

  Hohes Tempo, schnelle Taktung und hohe Ansprüche von Kunden und/oder Vorgesetzten führen in vielen Branchen zu einer immer höheren Arbeitsdichte nach dem Motto «höher, schneller, weiter». Wenn Du also in der gleichen Zeit immer mehr erledigen musst und das bei gleichbleibender Qualität, entsteht oft ein Gefühl der Überforderung. Genauso kann Überforderung aber durch mangelnde fachliche Qualifikation entstehen, d.h. wenn Du plötzlich eine Aufgabe erledigen sollst, für die Du nicht ausgebildet bist.

- **Starker Verantwortungsdruck**

  Wenn zu hoher Arbeitsdichte auch noch grosse Verantwortung hinzukommt, z.B. Du für ein grosses

Foto 3 from pixabay

24

finanzielles Budget, viele Mitarbeitende oder Menschenleben verantwortlich bist, kollidieren häufig die verschiedenen Ziele, die Du gleichzeitig erreichen musst.

Unklare Aufgabenverteilung

Viele Mitarbeitende leiden darunter, wenn sie nicht genau wissen, was von ihnen erwartet wird bzw. was ihre Aufgabe ist. Unsicherheit, Unklarheit oder wechselnde Erwartungen und Anforderungen fördern Stresserleben.

3.1.1.2 Soziale Charakteristika:
- **Mangelnde Unterstützung und Anerkennung**

  Leider sind manche Chefs immer noch der Überzeugung «nicht gemeckert ist genug gelobt» oder übertragen Aufgaben, ohne ausreichend Support zur Verfügung zu stellen. Häufig suchen wir bei anderen auch eher die Fehler, als dass wir uns auf die Stärken und Talente der Teammitglieder konzentrieren und diese regelmässig wertschätzen. Zeitliche Belastungen führen dazu, dass jeder danach schaut, seine eigenen Aufgaben zu reduzieren oder erfolgreich auf Kollegen abzuwälzen.

- **Soziale Konflikte am Arbeitsplatz**

  Wusstest Du, dass eine Gehaltserhöhung nur solange motivierend ist bis Du erfährst, dass Deine Kollegin eine grössere erhalten hat? Neid und Konkurrenzdenken ist nur ein möglicher Antreiber für soziale Konflikte am Arbeitsplatz. Manchmal stehen mangelndes Verständnis für die Persönlichkeit des anderen, Kompetenzgerangel, Machterhalt oder sogar Mobbing im Vordergrund.

3.1.1.3 Organisatorische Struktur und Bedingungen:

- **Mangelnder Entscheidungsspielraum und Handlungsspielraum**

Nicht in allen Firmen und Organisationen werden Mitarbeitende auch als Mitdenkende gesehen und

Foto 4 by pedrofigueras on pixabay

gefördert. Strenge Reglementierungen, lange umständliche Entscheidungswege und zu starke Hierarchien engen nicht nur die Motivation, sondern auch Produktivität des einzelnen ein. Das Gefühl für die Selbstwirksamkeit geht verloren und führt zu einem Gefühl von «ausgeliefert sein» oder innerer Kündigung, weil «ich ja eh nichts dagegen machen kann».

- **Arbeitsplatzunsicherheit/Konkurrenzdruck**
  Fortschreitende Ökonomisierung und Globa-
  lisierung erhöhen den Druck auf die Mitarbeitenden.
  Es muss immer höher, schneller, weiter gehen.
  Private Stressoren wie z.B. Bedürfnis nach
  finanzieller Sicherheit nach einem Hauskauf an
  einem kleinen Ort und Beschäftigung beim grössten
  Arbeitgeber weit und breit spielen hier zusätzlich
  hinein.

3.1.1.4 Individuelle Charakteristika:
- **Hohe Eigenansprüche**

  Manche Anforderungen, die wir als solche
  wahrnehmen, sind in unserem Kopf
  «hausgemacht». In vielen Fällen meinen nur wir
  selbst, dass es 100% perfekt sein muss und sonst
  gar nicht den Anforderungen genügt.
  Perfektionismus ist eine häufige Stressquelle.

- **Übermäßige Kontrolle**

  Je nach Persönlichkeit kann ein grösseres
  Bedürfnis bestehen, alle Dinge selbst in der Hand
  zu haben und vollumfänglich zu kontrollieren. Wenn
  Du aber deshalb alles selbst erledigst und nichts
  abgibst, läufst Du Gefahr, Dich zu überlasten. Denn
  Dein Tag hat auch nur 24 Stunden, wie bei allen
  anderen Menschen auch.

3.1.2 Private Stressoren
Zusätzlich zu den beruflichen Stressoren spielt natürlich
auch das private Umfeld eine Rolle, ob wir entspannt und
leistungsfähig oder gestresst sind. Die Arbeit kann noch so
viel Freude machen. Wenn z.B. plötzlich ein Elternteil

pflegebedürftig wird oder das eigene Kind ernsthaft erkrankt, kommen auch robuste Naturen an ihre Grenzen.

Private Stressoren

- Familie

- Partnerschaft

- Gesundheit

- Soziale Beziehungen

- Haushalt

- Finanzielle Sicherheit

- Selbstkonzept

- Elternschaft

3.2 Stress-Profil

Wenn Du Dich jetzt fragst, wie Du herausfinden sollst, welche Stressoren für Dich am bedeutsamsten sind, kommt hier die gute Nachricht. Du kannst mit dem wissenschaftlich basierten persolog® Stress-Profil, auf das namhafte und grosse Unternehmen und Organisationen sowie zertifizierte Trainer vertrauen, in kurzer Zeit einfach online Deine wichtigsten Stressoren im privaten und beruflichen Umfeld bestimmen und analysieren. Wir sprechen auch von einem «Stress-Inventar». Diese Standortbestimmung bietet die Möglichkeit, Deinen Stress genau da anzugehen, wo er entsteht.

Wenn Du nicht länger im Dunkeln tappen möchtest, sondern endlich handeln willst, klicke hier direkt zur Anmeldung.

4 Stressbewältigung – entdecke Deine Möglichkeiten!

Mit dem oben genannten Stress-Profil entdeckst Du nicht nur Deine individuellen Stressoren, sondern lernst auch Dein persönliches Stress-Verhalten kennen. Und dieses kann manchmal ungünstig bzw. non-produktiv sein. Wenn Du weisst, wo Du Dich mit Deinem Verhalten auf der «Stress-Landkarte» bewegst, kannst Du entscheiden, welchen Weg Du stattdessen gehen willst.

Dazu gibt es mehrere Möglichkeiten, die sich zeitlich und qualitativ unterscheiden.

4.1 Kurzfristige Strategien

Ablenkung

Wir können üben, unsere Wahrnehmung auch in Stress-Situationen zu lenken und Unerwünschtes zumindest kurzfristig auszublenden. Dass es funktioniert, bestimmte Sinneseindrücke herunterzufahren, wird am Beispiel «Radio hören» deutlich. Wenn Du auf dem Sofa sitzt und dem Radioprogramm lauschst, wirst Du das, was die Nachrichtensprecherin sagt, Wort für Wort hören und verstehen, genauso wie das Lied mit Text und Melodie, was im Anschluss daran gespielt wird. Vielleicht ruft das Gehörte sogar sofortige Erinnerungen, Assoziationen und Emotionen hervor.

Wenn Du aber das gleiche Programm «hörst», während Du Besuch hast, mit dem Du Dich angeregt beim gemeinsamen Essen unterhältst, wirst Du die Nachrichten

Foto 5 from pixabay

und Musik nur als «Hintergrund-Musik» wahrnehmen. Diese selektive Wahrnehmung oder Ablenkung kannst Du trainieren, z.B. in dem Du bei Stress ein bestimmtes Bild ansiehst, an einen entspannenden Urlaub denkst oder eine schönere Situation visualisierst. Dass sogenannte «innere Bilder» entspannen können, wissen wir aus der Hypnose, die auch medizinisch eingesetzt wird und deren Wirkung wissenschaftlich belegt ist.

Sofortentspannung

Methoden wie die eigene Atmung zu beobachten, progressive Muskelentspannung und Meditation führen nach vorherigem Training auch in akuten Stress-Situationen zu einer schnellen Entspannung. Je nach

Stress-Reaktionstyp ist aus Erfahrung das eine oder das andere Verfahren hilfreicher:

Wenn Du mit diesen Techniken noch gar keine Erfahrung hast, solltest Du Dich professionell anleiten lassen. Eine kleine Übung, die Du selbst machen kannst, ist die

ÜBUNG «Atem-Beobachtung»: Atme einmal kräftig aus, dann atme langsam ein während Du im Geiste bis 5 zählst (21...22...23...24...25), dann halte kurz den Atem an und atme danach auf 5 langsam wieder aus bis die ganze Luft entwichen ist. Wiederhole diesen Ablauf 5 Minuten lang und beobachte, wie sich Deine Atmung und auch Dein Puls dabei immer mehr beruhigt.

Positive Selbstgespräche

Vielleicht hast Du schon einmal Spitzen-Sportler vor einem wichtigen Wettkampf beobachtet, die umhergehen und Selbstgespräche führen. Positive Selbstgespräche führen wirklich zu mehr Erfolg. Ich kenne jedenfalls keinen Olympia-Sieger, der zu sich gesagt hat «das schaffe ich nie» und dann gewonnen hätte. Das Geheimnis ist, für Deine häufigsten negativen Kopf-Sätze positive Gegenentwürfe zu finden und zu notieren. Wenn dann wieder Dein negativer «Lieblingsgedanke» wie «das geht bestimmt wieder schief» auftaucht, kannst Du «Stopp» sagen und stattdessen die neue Version mehrmals in Gedanken oder noch besser laut zu Dir selber sagen: «dieses Mal wird es klappen, weil ich es diesmal besser machen werde!».

Abreagieren – Druck ablassen

Du kannst bei grossem Stress vermutlich nicht vom Arbeitsplatz wie der Steinzeitmensch vor dem Mammut weglaufen, aber wahrscheinlich kannst Du durchaus kurz, z.B. bei einem Gespräch, das entgleist, das Zimmer verlassen und woanders hingehen (notfalls aufs WC) und Druck ablassen. Bewährt haben sich z.B. sogenannte Anti-Stress-Gummibälle, von denen Du einen in der Hand oder sogar zwei kräftig zusammendrücken, an die Wand werfen (Achtung: auf Bilder an der Wand oder Kollegen in der Nähe achten) oder drauf stampfen kannst. Ersatzweise kannst Du Papierhandtücher zerknüllen. Der Fantasie sind keine Grenzen gesetzt, solange Du Dich oder Andere nicht verletzt.

4.2 Langfristige Strategien zur Stress-Bewältigung – So baust Du Stress-Kompetenz auf!

Leider reicht es nicht immer aus, Stress kurzfristig zu begegnen und Dampf abzulassen.

Gerade dann, wenn langanhaltende Belastungssituationen bestehen und chronische Stressoren verändert, beseitigt oder reduziert werden sollen, sind auch langfristige Bewältigungsstrategien sinnvoll. Diese Strategien, die Du im Folgenden kennenlernst, packen den Stress von verschiedenen Seiten und auf verschiedenen Ebenen an. Du kannst Dir das wie einen Trainingsplan vorstellen, den Du Dir so zusammenstellst, dass Du Dein Ziel mit den von Dir bevorzugten Methoden Schritt für Schritt erreichst.

Bevor Du Deine persönliche Strategie aufstellst, ist es wichtig, Deine Stressoren zu identifizieren, zu analysieren und zu bewerten. Auch das gelingt am einfachsten mit einem professionellen Stress-Profil.

Überlege für jeden Stress-Auslöser, ob Du diesen selbst oder mit Hilfe anderer oder nicht ausschalten kannst. Erst, wenn Du diese Frage geklärt hast, kannst Du wirksame Massnahmen entwickeln und umsetzen.

4.2.1 Qualitativ unterschiedliche Strategien – Pack den Stress von allen Seiten an!

Genauso wie Stress unterschiedliche Ursachen hat, kannst Du ihn auch von verschiedenen Seiten angehen, um Dich zu entlasten. Hier die «Menü-Vorschläge»:

Stressoren-bezogen

Wenn Du das Stress-Profil gemacht hast, weisst Du genau, welche Faktoren Dich stressen, und kannst entsprechend gezielt vorgehen. Falls nicht, kannst Du die Listen der privaten und beruflichen Stressoren oben gründlich durchgehen und die Faktoren markieren, die Du am ehesten vermutest. Aber Achtung, in vielen Fällen ist uns ohne eine professionelle, externe Analyse nicht klar, was uns am meisten belastet, da Stress zu einem «Tunnelblick» führt, der nur noch auf das Problem zielt und nicht mehr die Wegpunkte berücksichtigt, die in den Tunnel geführt haben.

Kognitiv

Ändere Deine Einstellung zu einer belastenden Situation und versuche sie mit anderen Augen zu sehen bzw. in einen anderen Rahmen zu stellen. Könnte es z.B. sein, dass Dich der Kollege, der wort- und grusslos jeden Morgen an Dir vorübergeht, gar nichts gegen Dich hat, sondern selbst gerade belastet ist und einen «Tunnelblick» hat? Überlege Dir auch, was auf den 2. Blick (z.B. am nächsten Tag) doch noch positiv an einer belastenden

Situation sein könnte. Was genau ärgert, kränkt oder belastet Dich daran wirklich? Und angenommen, die Situation wäre gelöst, was wäre dann anders und besser?

Soziale Unterstützung

Scheue Dich nicht, Unterstützung von anderen anzunehmen. Gerade in belastenden Zeiten lohnt es sich, in Beziehungen zu anderen zu investieren, sowohl im Privatleben als auch am Arbeitsplatz. Nutze die Möglichkeiten zum Austausch und die Chance, belastende Situationen auch einmal aus einer anderen Perspektive zu sehen.

Genuss-bezogen

Foto 6 by Myriams-Fotos on pixabay

Mach Dir bewusst, was Dir Freude bereitet, sei es ein Kaffee mit einer Freundin, ein liebevoll zubereitetes Essen oder ein Lied, das Dich beflügelt und das Du bei Bedarf hören kannst. Plane regelmässig eine «Ich-Zeit» in Deiner Agenda ein und sorge dafür, dass dieser Termin mit Dir selbst «heilig» ist.

Problem-bezogen

Du kannst nicht alles gleichzeitig erledigen! Mache Dir klar, wo wirklich die Prioritäten liegen. Beschäftige Dich in einer ruhigen Minute mit Deinem Zeitmanagement und Deiner Arbeitsorganisation. Und wenn es Faktoren gibt, die Dich immer wieder stressen, ohne dass Du sie beeinflussen oder ausschalten kannst, dann ärgere Dich nicht weiter darüber. Oft ist es entlastend, unabänderliche Fakten irgendwann einmal zu akzeptieren und den Fokus und Deine Energie auf das zu lenken, was Du beeinflussen kannst. Diese Strategie hört sich trivial an, ist jedoch wesentlich für eine produktive Stressbewältigung.

Körper-bezogen

Höre in Dich hinein, was Dir guttut, eher Bewegung, Abreagieren, Sport oder doch eher Ruhe, Meditation, Yoga, sich eine Massage gönnen o.ä.? Tue das, was Dir am meisten gefällt und nicht das, was anderen hilft! Du bist nicht die Anderen! Falls Du trotzdem unsicher bist, hilft Dir vielleicht folgende Übersicht:

Dein Stress-Reaktionstyp	Deine Entspannungstechnik
Motorisch (reagiert mit Unruhe bzw. Aktivität)	progressive Muskelentspannung
Vegetativ (reagiert ängstlich/aggressiv)	autogenes Training/Fantasiereise
Kognitiv (reagiert rational, analysiert, «kopflastig»)	Atemtechniken

4.3 Resilienz trainieren

Wie kannst Du nun all das, was Du gerade gelernt hast, in den Alltag übertragen und dafür sorgen, dass es nicht bei der Theorie bleibt? Wie kommst Du vom Wissen zum Machen?

Resilienz heisst, Belastungen flexibel und stark zu begegnen und daran noch zu wachsen, anstatt zu verbiegen oder zu zerbrechen.

Foto 7 by Deniz Altindas on Unsplash

Das ist ein Prozess und leider kein Schalter, den Du mal schnell umlegen kannst. Es ist genau wie beim Sport. Wenn Du erfolgreich einen Marathon laufen willst, darfst Du auch nicht erwarten, dass Du das über Nacht schaffst. Training erfolgt in Etappen. Das Geheimnis für ein erfolgreiches Training ist ein motivierendes, realistisches Ziel, das heisst ein Wunsch mit einem Datum und einem Plan zum Ziel.

Beginne mit einer einzigen typischen Stress-Situation - «Love it, change it or leave it»

Wenn wir eine Situation als stressig wahrnehmen, vernachlässigen wir es in der Regel, eine rationale Bewertung vorzunehmen oder sind dazu in diesem Moment nicht in der Lage. Es kann jedoch hilfreich sein, sich eine typische, wiederkehrende Stress-Situation zu merken und im Nachhinein für sich schrittweise zu analysieren:

5-Punkte-Situations-Check

→ Frage Dich zunächst einmal, wie wichtig diese Situation wirklich für Dich ist, z. B. in 1 Woche, 1 Monat, 1 Jahr? «Lohnt» die Aufregung?

→ Kannst Du die Situation allenfalls beeinflussen und kontrollieren und wenn ja, in welchem Masse?

→ Könnte es sein, dass sich die belastende Situation ganz von allein auflöst, ohne dass Du etwas tust, das sie also selbstlimitierend ist (z.B. ein regelmässiger Vortrag, vor dem Du gestresst bist)?

→ Ist es wahrscheinlich, dass das, was Dich an der Situation belastet, wirklich eintritt oder könnte es sein, dass nur Deine Gedanken («was wäre wenn…») den Stress verursachen?

→ Weisst Du wirklich, wie es zu dieser Situation gekommen ist oder lässt Du Dich von Annahmen leiten? Gibt es eine andere Erklärung als Deine? (traue Dich hier auch ruhig zu «spinnen» bzw. frei zu fantasieren, je abstruser desto besser ist es manchmal)

Wenn Du bei dieser **Kurz-Analyse** feststellst, dass Du die Situation mit den in Deiner Macht stehenden Kräften nicht ausreichend beeinflussen kannst, macht es Sinn, die Lage zu akzeptieren wie sie ist oder hinter sich zu lassen. Das heisst, wenn die Option «Veränderung» ausfällt, kannst Du Dich auf die verbleibenden zwei Optionen konzentrieren: love it (or accept it) or leave it!

Diese «Situationsanalyse-Übung» stellt den ersten Schritt zu mehr Resilienz dar, denn bei Stresserleben geht es um unsere Wahrnehmung und Bewertung von Situationen und dem, was wir daraus machen, wie wir reagieren.

Wundere Dich nicht, wenn Du auf dem Weg zu mehr Resilienz immer wieder «Muskelkater» bekommst bzw. Rückschläge erlebst. Das ist normal. Habe Geduld mit Dir! Resilienz lässt sich nur in stressigen Zeiten trainieren, so wie Du für einen Marathonlauf nicht im Sitzen trainieren kannst. Du siehst also, Stress hat auch etwas Gutes!

Wenn Du nun nach der Lektüre dieses Buches Deine aktuellen individuellen Stressauslöser (Stressoren) in Beruf und Privatleben genauer eingrenzen und gezielter angehen möchtest, bietet sich das wissenschaftlich überprüfte persolog® Stress-Profil als Diagnostik-Tool und Lern-Instrument an. Dieses kannst Du auch online durchführen.

Falls Du beim Training weitere Unterstützung benötigst, kannst Du Dich hier für ein persönliches «4-Wochen-Anti-Stress-Coaching» anmelden.

QR-Code:
4-Wochen-Anti-Stress-Coaching

QR-Code:
Stressprofil und Videocoaching

5 Literatur

Burn-out: Die frühzeitige Behandlung lohnt sich. Stressinduzierte Systemerkrankungen. Doris Straus und Hildburg Porschke. Ars Medici 22: 1234-1236 (2012)

Gelassen und sicher im Stress. Das Stresskompetenz-Buch: Stress erkennen, verstehen, bewältigen. G. Kaluza. Springer Verlag (2014)

persolog® Stress-Modell

persolog® Trainerleitfaden Stressmanagement

Resilienz. Das Geheimnis der psychischen Widerstandskraft. Was uns stark macht gegen Stress, Depressionen und Burn-out. Christina Berndt. Deutscher Taschenbuchverlag dtv (2013)

Schutz vor psychosozialen Risiken am Arbeitsplatz. Informationen für Arbeitgeber und Arbeitgeberinnen. Staatssekretariat für Wirtschaft SECO. Herausgeberin: SECO – Direktion für Arbeit – Arbeitsbedingungen (2015). PDF-Download: www.seco.admin.ch >Dokumentation, Publikationen und Formulare, Broschüren

Stress erkennen und wirksam gegensteuern. p-book das e-book von persolog®. persolog GmbH (2015)

6 Über die Autorin

Dr. med. Sabine Werner

Als Coach und Trainerin unterstütze ich seit 2013 auf Basis meiner eigenen langjährigen Erfahrung als Ärztin und professionellen Coaching-Ausbildung ärztliche Kolleginnen/Kollegen und Menschen in herausfordernden beruflichen Positionen und Situationen auf ihrem Weg zu mehr Lebensbalance. Ich bin davon überzeugt, dass der "Faktor Mensch" für nachhaltigen  Erfolg entscheidend ist. Es lohnt sich, in Beziehungen zu anderen und unsere Selbstkompetenz (Selbstkenntnis und Selbstführung) zu investieren, damit wir langfristig gesund, fit und motiviert im Job bleiben.

Gemeinsam mit meinem Mann habe ich das Buch «Weisskittel im Hamsterrad – der unkonventionelle Praxis-Arzt-Ratgeber» geschrieben (https://amzn.to/2J05p8O). Als W&W Beratungskontor AG (www.beratungskontor.ch) beraten, coachen und trainieren wir Menschen in verantwortungsvollen Positionen zum Thema «Gesund und fit im Job» sowie Persönlichkeit und Verhalten, Positionierung, Führung, Teamentwicklung, Selbst-, Zeit- und Zielmanagement, Optimierung von Arbeitsabläufen sowie Stress-Bewältigung, Prävention und Resilienz.

In der Reihe «Praxis-Wissen to go» ist auch noch das Buch «Lösungsorientierte Arzt-Patienten-Kommunikation: Wie Du schon ab morgen Zeit und Nerven sparst und zufriedene Patienten gewinnst» erschienen und hier (https://amzn.to/2ODgTyi) zu beziehen.